L'ÉGLISE ET L'ÉTAT

EN ITALIE

L'Eglise et l'Etat

EN ITALIE

PAR

Le Comte CASALI

De l'Académie Virgilienne de Mantoue

PARIS

VICTOR-HAVARD ET Cie, ÉDITEURS

18, RUE DE L'ANCIENNE-COMÉDIE, 18

(Boulevard-St-Germain)

—

1906

Tous droits réservés.

L'ÉGLISE ET L'ÉTAT EN ITALIE

I

On a versé des flots d'encre sur cette question, mais toujours en vain. Les choses en sont encore à leur point de départ. Pourquoi cela ? Est-ce faute de bonne volonté de la part de l'État ou de la part de l'Église ? Je crois que le mal vient presque entièrement de l'État, car, quand on veut employer des moyens raisonnables, on peut obtenir beaucoup du pouvoir ecclésiastique. Vous voyez par exemple ce qu'a fait l'Église Romaine à l'occasion du mariage du prince héritier au trône d'Italie. Eh bien ! après maintes tergiversations de la part des ministres à l'égard des cérémonies nécessaires et plusieurs difficultés opposées par le clergé, celui-ci enfin a accompli le rite avec dignité et très honorablement pour lui-même et pour la Monarchie.

Je tiens à dire en outre que, lorsqu'on y met de la sincérité et de la condescendance réciproque, il est possible de sauver les justes prétentions des deux côtés.

D'où viennent maintenant tous les désordres, les grèves, les associations dangereuses pour les personnes et les propriétés, qu'on observe dans notre cher pays ? D'où, cette envie haineuse et ces menaces continuelles à la tranquillité publique, si ce n'est du manque absolu d'un frein religieux ?

En Italie, la plupart des institutions civiles sont tout à fait laïques et dans les écoles on a supprimé en plusieurs endroits l'instruction religieuse. La Chambre est composée de membres radicaux et socialistes, de sorte que les monarchistes sont en minorité absolue. Aussi le gouvernement est dans les mains des radicaux, et les vrais conservateurs sont presque oubliés, car ils n'ont pas l'appui de l'opinion publique qui se manifeste au moyen du suffrage.

Mais, pour ne pas sortir de la question, je dis que l'État n'a rien fait pour adoucir le conflit qui dure depuis 1870. L'État aurait dû récompenser le bon clergé, le mieux soutenir qu'il ne fait et chercher à gagner les sympathies du parti clérical, qui est toujours puissant, par la qualité des personnes qui y sont enrôlées et par les moyens dont il peut se servir. Au contraire, on a vu dissoudre des associations catholiques qui n'avaient rien fait contre l'ordre public; on a vu supprimer des journaux qui n'avaient jamais abordé la question du pouvoir temporel, dissoudre des caisses rurales qui avaient un but purement économique. Au lieu de cela, nous voyons les journaux radicaux écrire ce qui leur plaît contre la monarchie, avoir des cercles et des associations électorales partout, sans s'exposer à aucune menace.

Les chefs, appartenant la plupart à la bourgeoisie riche, sont doués d'une ruse et d'une audace incroyables et ne sont pas toujours délicats dans le choix des moyens pour atteindre leur but. En général ils exploitent la bonne foi du peuple qui place en eux toute son espérance et leur voue toute son âme. On l'opprime de toutes manières et le peuple se résigne sans se plaindre, tandis que les mêmes moyens employés par le parti modéré ou constitutionnel n'aboutiraient à rien et obtiendraient parfois le sort contraire.

Cette bourgeoisie est en général athée ou du moins indifférente, ce qui est peut-être pis, car comment peut-on être indifférent à l'égard d'un sujet aussi important que la religion ? Naturellement, le mouvement qu'elle imprime à toutes les affaires où elle entre aboutit à un système de nonchalance pour tout ce qui concerne les confessions religieuses. On se plaint souvent que le peuple n'est plus soumis aux lois comme autrefois, qu'il a des exigences plus grandes, qu'il n'a plus de respect pour l'autorité. J'ai entendu plusieurs libres penseurs faire ces observations et j'ai répondu que tout cela dépendait d'eux-mêmes. Mais ils s'obstinent dans cette funeste voie, quelles qu'en soient les conséquences fatales pour leurs intérêts mêmes. Ils espèrent dominer toujours par la souplesse et la fiction de la popularité, tandis qu'ils sont des despotes au fond de l'âme et qu'ils exerceraient les peines les plus sévères contre ceux qui leur manqueraient de déférence.

Le parti des nobles et des conservateurs est en opposition absolue avec la bourgeoisie.

Il réclame le respect pour la religion, à laquelle il voudrait redonner la place honorable qu'elle occupait autrefois. Composé de gens croyants, ce parti agit en cela d'après son intérêt, mais avec la ferme conviction que la religion est nécessaire à toutes les classes sociales.

Les églises ne sont désormais peuplées que de femmes, car on semble croire que la religion n'est faite que pour elles. On y trouve encore quelques conservateurs appartenant presque tous à l'ancienne aristocratie.

On dit à tort que la noblesse et les conservateurs en général sont des rétrogrades. Ces classes cherchent seulement à maintenir les institutions les plus anciennes qui ont pour base morale l'obéissance à l'autorité et la foi des ancêtres.

Il est inutile d'enseigner dans les écoles primaires des choses superflues, les pauvres gens n'ayant besoin de savoir que l'indispensable.

Mais laissons de côté l'opinion des diverses classes sociales et tenons-nous à la situation présente du Pontife Romain et de l'Église catholique par rapport à l'État.

On parle toujours de la séparation de l'Église et de l'État, tandis que ce sont deux institutions intimement unies par leur nature. Comment songez-vous à séparer l'homme croyant du citoyen? Il est clair que les hommes de foi soumettront toutes les actions de leur vie au sentiment chrétien, qui les domine, et se révolteront contre toute autorité contraire aux principes qui ont présidé à leur éducation morale. Aussi arrive-t-il que, lorsqu'ils se tiennent en contact avec le pouvoir ecclésiastique, ils subissent, sans même s'en apercevoir, l'influence et la sujétion dérivant de cette puissance mystérieuse qui a son origine dans la Révélation et dans le dogme.

On a beau dire, mais l'incompréhensible s'impose aux esprits même les plus indépendants et l'Amérique en donne un exemple frappant dont nous parlerons plus tard.

La séparation parfaite de l'État et de l'Église est impossible, car nous voyons le code rempli de lois empruntées aux règles religieuses. Jadis cette union était reconnue nécessaire ; elle fut même parfois excessive, quand il en résulta l'obligation pour les moines de Châlons d'enterrer un prélat excommunié.

Dans les grandes nations la religion joue le premier rôle. En Angleterre, en Russie, en Allemagne, on commence toutes choses par la prière. Et cela dans les écoles, dans les casernes, dans les universités, dans les cercles. Il n'en va pas de même chez nous, où cependant le premier article de la Constitution proclame que le Catholicisme est la Religion de l'État.

On nous dit bien qu'on a abrogé cet article sans les faits ; mais on oublie que, pour abroger une loi, il en faut promulguer une autre.

Or nous avons lieu d'espérer qu'il n'y aura pas de longtemps au Sénat, dont pour la plupart les membres sont conservateurs et croyants, une majorité capable de voter des lois contraires à l'Église, comme par exemple celle du divorce. M. Minghetti se trompe quand il distingue le péché du délit, qui sont une même chose suivant la morale. Il dit qu'il appartient à l'État de punir les délits et non les péchés. Les différences ne sont ici que dans la forme et non dans la substance.

Je suis surpris qu'on ait jugé utile d'enlever au clergé ses anciens privilèges. N'est-il donc pas juste de favoriser une classe d'individus supérieurs aux autres par leurs études et par leur condition sociale ? C'est grâce à la funeste tendance à tout égaliser qu'on a provoqué les conflits qui empêchent d'arriver à la conciliation. L'Amérique, qui est un pays très libre, est néanmoins favorable au clergé et lui accorde de nombreux privilèges, tels des exemptions, des réductions sur les voyages, etc.

Le Souverain Pontife s'efforce par tous les moyens de remplacer le socialisme athée par le socialisme chrétien, et ses encycliques contiennent des idées très remarquables. Mais l'État feint de ne rien savoir et affecte une souveraine indifférence pour la vulgarisation de ces principes qui ont pour but la sauvegarde de la société. Et l'État s'autorise de ce principe qu'il ne doit pas intervenir dans de pareilles questions.

Minghetti est dans le vrai, quand il reconnaît aux catholiques le droit de s'associer dans un but de prière, de culte, d'éducation. Pourquoi contrarier ces associations ? Quel mal ont-elles causé à l'État ? Je sais qu'en France elles ont été supprimées et que leurs biens ont été confisqués, d'où les mécontentements et les fraudes. C'est ainsi que les corporations renaissent sous d'autres formes et, parce que la loi leur défend d'acheter et de vendre, elles acquièrent des biens sous d'autres noms.

1.

Dans les États protestants la fusion est absolue entre le pouvoir et l'Église. D'où une force plus grande, pour dominer le peuple, et une harmonie d'intelligence et d'action dans tous les organismes de la société, qui rend ces États plus puissants et plus redoutables que les autres.

M. Minghetti croit impossible en Italie un gouvernement de croyants, car la philosophie libre et le positivisme ont fait un grand nombre d'adhérents. Mais c'est là justement ce que tous les efforts doivent tendre à enrayer, si nous ne voulons que d'ici peu d'années l'athéisme ne domine en Italie.

M. Piola dit très justement : « Fermez les portes de l'école à l'athée, au matérialiste, au sceptique. Gardons-nous de confier l'éducation de la jeunesse à celui qui a l'âme vide de l'idée et du sentiment religieux. »

C'est ainsi que devraient penser toutes les nations qui aiment vraiment leurs enfants et qui ont souci de leur éducation morale. Peut-on enseigner une morale dépourvue de sanction religieuse ? C'est comme si l'on croyait possible un code sans juges et sans tribunaux pour l'appliquer.

Mais, reprenant la thèse de la séparation des deux pouvoirs, il faut observer plusieurs exemples qui prouvent l'absurdité de la question et la presque impossibilité de la réaliser. Nous voyons que les biens des églises ou, pour mieux dire, les biens qui servent au maintien des édifices ecclésiastiques sont administrés en général par les laïques. Nous voyons que l'autorité civile, et précisément la commission d'art qui est une émanation de la Préfecture, doit surveiller l'intérieur des églises, afin que l'on n'y place rien qui puisse altérer l'harmonie de l'architecture et l'eurythmie des lignes. Nous citerons, par exemple, ce qui est arrivé à Mantoue dans la basilique de Saint-André, où le titulaire de la paroisse avait orné le temple de lampes vénitiennes. Mais, cet édifice étant de style renaissance, il s'ensuivait que les lustres placés au centre des voûtes des autels, n'étaient pas en harmonie avec le reste de l'église, et la commission d'art, après l'avoir visité, a exigé l'enlèvement des lampes. Mais ce n'est là qu'une question d'art, dira-t-on. Oui certainement, mais de rite également, car le prêtre avait placé ces lampes pour décorer et enrichir les autels pendant les cérémonies sacrées. Or, l'intervention de l'autorité civile a forcément entravé son but, et il a dû obéir. Et cela se constate dans un pays, où l'on fait tout ce qui est nécessaire pour laisser la plus grande liberté aux confessions de tout genre.

Ne parlons pas des processions religieuses. On sait que l'autorité civile peut les défendre par raison d'ordre publique. Eh bien ! n'est-ce pas là encore une ingérence de l'État dans les dispositions prises par l'Eglise ?

Nous disons que l'Etat ne peut absolument rester neutre par rapport aux sentiments de ses sujets, car il tomberait en décadence. Tel est l'avis exprimé par Guizot dans un livre sur l'Église et les sociétés chrétiennes, lorsqu'il dit que l'État et l'Église, en se séparant, perdraient toute dignité, toute autorité, et s'amoindriraient l'un et l'autre.

En Italie nous avons la question du pouvoir temporel du Pape, qui est le grand souci des gouvernants et crée des difficultés perpétuelles entre les représentants de l'Église et ceux de l'État. On dit que le clergé en Italie n'est pas patriote. Pourquoi ne l'est-il plus ? C'est qu'on l'a persécuté et dépouillé, avec violence parfois ; et il est évident qu'on devait obtenir ce résultat. Mais, si l'État savait être plus modéré dans ses exigences et s'il recourait à la persuasion au lieu d'employer l'intimidation, il est certain qu'on obtiendrait des résultats meilleurs et que les sentiments du clergé envers la nation se modifieraient dans un sens plus favorable à ses institutions. Il est rare en Italie de trouver des prélats satisfaits du gouvernement, parce qu'ils subissent l'influence des journaux cléricaux qui font une âpre campagne contre l'état actuel des choses. Le plus humble curé de village lui-même parle avec malveillance des ministres et des représentants du pays.

Il faudrait mettre un terme à ces hostilités qui aigrissent de plus en plus les esprits et entraînent les conséquences les plus fâcheuses pour la tranquillité et l'ordre publics. Il faudrait chercher un remède, afin d'arriver à une conciliation. La Loi des Garanties n'a jamais été acceptée par le Pontife, qui soutient que le pouvoir temporel lui est indispensable afin d'exercer sa domination.

Il faudrait arriver à un *modus vivendi*. Cette question a été souvent agitée par des écrivains politiques. Un député a même parlé d'un projet relatif à un partage de Rome : on eût abandonné au Pape toute la partie de la ville qui est au-delà du Tibre, avec une langue de terre jusqu'à la mer. Le Pape aurait ainsi une région dont il serait le souverain absolu et indépendant. Je ne sais si le Pape accepterait cette situation, mais il est certain qu'elle vaudrait mieux que l'état actuel. Ce serait ensuite un moyen de se rapprocher de l'Église. Je ne dis pas que cette combinaison soit l'idéal pour le Pape, mais, puisqu'on a commis la faute d'aller à Rome au lieu de laisser la capitale à Florence, il me semble qu'un des meilleurs arrangements serait celui que j'ai cité. Du moment que Rome doit être maintenue comme capitale et que les personnes attachées, comme moi, à la Monarchie ne penseraient pas à conseiller aux ministres de renoncer pour le Roi au séjour de Rome, — car cela serait contraire à la dignité du trône, — il me semble que, pour respecter les domaines des deux souverains, on pourrait s'accorder sur une délimitation des empires.

Naturellement ce sont là des questions à traiter avec la plus grande circonspection, et le gouvernement devrait faire les premiers pas pour préparer le terrain. Il ne faut pas trop d'orgueil, quand on a des torts, et la personne la plus raisonnable est celle qui cherche à remédier à ses fautes et non point celle qui s'y obstine et qui les aggrave.

Nous avions eu un homme d'État du plus grand mérite, c'est M. Crispi ; mais il eut le tort d'être trop hostile à l'Église et il procéda avec trop de rudesse en certaines circonstances qui réclamaient de la prudence et de la finesse de vues. Par exemple, quand il a destitué le duc Torlonia, maire de Rome, parce que celui-ci avait laissé sa carte de visite à un cardinal à l'occasion d'une fête, cette mesure a mécontenté les gens de tous les partis politiques, qui voyaient dans cet acte un abus de pouvoir. Un homme d'État, dit Machiavel, doit être calme et dissimuler parfois. Il ne doit pas s'abandonner à la colère ni se laisser dominer par ses nerfs. Les mesures excessives provoquent toujours la réaction. Nous le voyons en France, où le cléricalisme est à cette heure plus puissant que jamais, à cause justement des excès de la Révolution de 1793 contre l'Église. Et cela se comprend, parce que les partis politiques sont comme les peuples : plus on les persécute, plus ils acquièrent d'influence et de richesse. Voyez les Juifs : c'est la meilleure preuve de la vigueur et de la prospérité résultant de l'oppression.

Il est vrai qu'aujourd'hui le Pontife jouit d'un respect et d'une dévotion qui ne furent

plus grands en aucun temps. Il publie ses
encycliques qui sont lues dans le monde
entier, il célèbre des jubilés, il attire les
pèlerins de toutes les nations qui viennent
s'agenouiller à ses pieds. Que voulez-vous de
plus, disent les libéraux ? Avec la Loi des
Garanties il peut faire ce qu'il désire et faire
participer tous les peuples aux prérogatives spirituelles, dont sa très haute place le
rend capable. Oui, cela est vrai, mais ce
n'est pas tout ce qu'il faudrait laisser au Souverain Pontife. On devrait protéger, plus
qu'on ne le fait, les traditions du Saint-Siège,
ne pas permettre d'ériger un monument à
Giordano Bruno sur la place où il été brûlé,
ne pas permettre de publier et vendre sous
ses yeux des journaux qui sont impies et contraires à la morale. Les étrangers qui viennent en Italie peuvent constater que la Loi
des Garanties est en partie lettre morte et
dénuée de sincérité. C'est pour cela que les
journaux du clergé sont pleins d'invectives
contre l'Italie actuelle et qu'ils considèrent
l'État comme un ennemi éternel.

On dit que la Religion doit être respectée, mais en réalité on ne fait rien pour appliquer cette théorie. Je me souviens par exemple que, lorsque j'étais étudiant à Pise, des jeunes gens, voyant passer un train de pèlerins français pour le Vatican, se mirent à siffler et brisèrent même les vitres des wagons. La justice a dû intervenir, mais l'illustre professeur Carrara a présenté la défense des étudiants dans une publication, qui fit grand bruit, et même les plus compromis furent absous. Ces incidents ne font pas beaucoup d'honneur à l'Université de Pise, ni à la magistrature de mon pays.

Une tendance s'affirme en Italie et plus particulièrement dans ma ville natale. On substitue à tous les noms des saints les noms des citoyens qui ont eu quelque renommée dans les armes ou dans la politique ou... parfois les noms les plus obscurs. On voit que les administrateurs civils ne veulent pas entendre prononcer les noms des saints, peut-être parce qu'ils semblent un reproche pour leur indifférence ou leur hostilité à l'égard des anciennes traditions mystiques. Le clergé est en outre gravement offensé dans sa foi en voyant les magasins et les boutiques ouverts le dimanche jusqu'à deux heures après-midi. Pourquoi cette infraction à la loi du repos dominical? Nous voyons qu'en Angleterre, où le commerce est plus développé, il est impossible de trouver une boutique ouverte le dimanche, et cela ne cause nul dommage ni aux intérêts des particuliers, ni à ceux des marchands.

II

Voilà donc les conséquences de laisser une pleine liberté sans aucun frein aux citoyens de professer leur opinion en fait de croyances. L'effet le plus naturel, c'est la destruction de toute foi, et en effet la jeunesse grandit avec des idées presque athées et on entend par les rues (même à la campagne) des chansons injurieuses pour la religion, telle celle-ci :

Non expliamo ni preti ni pati
Ma tutti socialisti...

« Nous ne voulons ni prêtres ni religieux, mais tous socialistes. »

Je sais qu'il y a dans notre Code des articles de loi pour punir les délits contre la religion, mais personne ne songe à interdire aux garçons telle ou telle injurieuse chanson, car ces choses ne font plus, hélas ! aucune impression par suite de leur déplorable fréquence.

Mais, comme je disais, l'exemple doit venir de haut, car, si les classes les plus riches et les plus cultivées respectaient davantage les dogmes et observaient mieux les règles du culte catholique, on verrait le peuple plus soumis et moins arrogant.

Je crois que certains privilèges en faveur des prêtres étaient fondés sur la raison, car l'exemption de certaines taxes, du service militaire, etc., pouvait servir à attirer un plus grand nombre d'élèves dans les séminaires. Dans ce nombre, il était possible de choisir les meilleurs sujets, soit sous le rapport de la vie sociale, soit sous le rapport de l'intelligence, tandis que maintenant il y a très peu de jeunes gens qui suivent cette carrière. Elle n'est d'ailleurs plus honorée comme autrefois, et l'on peut dire que ce sont désormais les rebuts des autres écoles et les fils des familles les plus pauvres des classes rurales généralement qui l'embrassent. Pour attirer l'élite de la jeunesse, il faut des avantages sociaux, des prérogatives spéciales et de bons appointements. On voit toujours que les places les mieux rétribuées sont occupées par la fleur de la société, car l'homme est d'autant plus estimé qu'il gagne le plus.

M. Minghetti, qui a écrit un livre sur l'État et l'Église, avait trop dans l'esprit la formule de Cavour : « Libre Église dans l'État libre. » Il était victime des préjugés de son époque, à savoir l'excessif amour pour l'indépendance en politique, en religion, en toute chose. Au lieu de cela, il faudrait dire : « Lois impartiales pour l'Église en relation avec un État libre, mais fort. » Sous des lois qui règlent ces relations continuelles, il est impossible d'avoir un clergé dévoué aux institutions, puisqu'il ne peut fonder aucun espoir dans l'appui du gouvernement. Avec la tendance à séparer complètement l'Église et l'État on a eu une série d'inconvénients. Le mariage doit être double en Italie, car le mariage célébré par le prêtre n'est pas reconnu. On dit que les prêtres tenaient avec peu d'ordre les documents d'état civil. On dit qu'il ne faut pas violenter les consciences. Je répondrai qu'il n'est pas moral qu'un État ne reconnaisse pas la sainteté de sa religion. On comprend très bien que, pour les athées n'ayant aucune conviction, le mariage rituel à l'église ne devait faire sur l'âme aucune impression, mais il conservait toutefois ses effets juridiques et il n'était plus besoin d'en célébrer un autre.

Il y a encore l'inconvénient terrible pour la régularité des familles de voir certains mariages purement religieux, dans lesquels l'homme, ennuyé de ce lien qui est nul devant la loi, abandonne sa femme et même ses enfants et s'en va librement épouser une autre femme. Et cependant il y a encore dans notre pays une forte opposition contre l'établissement du divorce ! Mais les inconvénients de ce système sont cent fois plus grands que ceux du divorce. On sait combien de jeunes gens trompent les jeunes filles en leur promettant de les épouser civilement après le mariage catholique, et puis ils ne régularisent pas cette union, pour rester libres et éviter les charges que la loi impose au mari pour l'entretien et l'éducation des enfants. Tous les ans, le procureur du Roi en Italie fait des statistiques sur les unions illégitimes et il est forcé de déplorer les conséquences douloureuses qui en résultent, soit pour les enfants, soit pour les mères. N'est-il pas vrai que ces choses ne pouvaient pas exister sous l'ancienne loi, où le mariage religieux était seul reconnu par la loi ? S'il y avait eu des irrégularités dans la manière de tenir les livres, il eût été facile d'exercer un juste contrôle par des employés civils, considérés comme des inspecteurs et payés en conséquence.

Mais, avec le système du mariage unique, on évitait les fraudes et les tromperies des gens sans conscience et de mauvaise foi.

On dit qu'on pourrait remédier à tout cela en imposant aux fiancés l'obligation de célébrer auparavant le mariage civil. Je réponds à cela que pour deux fiancés sans croyances catholiques cela pourrait être une bonne mesure, tandis que pour deux catholiques cela peut froisser leur conscience et s'opposer à la dignité même du sacrement. Pour les catholiques, le mariage civil célébré avant le mariage religieux ne représente rien. Supposez qu'il soit impossible, pour une raison quelconque, de célébrer l'autre mariage tout de suite, il en résultera qu'il y aura deux époux selon les lois, qui, par suite de leurs convictions religieuses, ne pourront ni vivre ensemble, ni se considérer comme mariés. Et qu'adviendra-t-il des droits d'héritage en cas qu'un des deux meure avant la célébration du second mariage? Il faut tout considérer avant de proclamer un principe.

Il y a des cas de conscience où le mariage religieux doit être célébré le plus tôt possible : par exemple, quand la femme est enceinte ou quand on a consommé l'union physique. Il y a des cas où l'homme et la femme qui s'aiment ne sont pas de la même condition sociale. Si le mariage civil était seul reconnu, les parents s'opposeraient quelquefois à la célébration, pour éviter l'inconvénient de fondre deux familles de condition différente et par orgueil de race. Au contraire, avec l'intervention du prêtre, un arrangement serait possible, qui mît d'accord la conscience avec l'état des personnes unies en mariage.

Avec la loi actuelle, le prêtre catholique, qui a jeté le froc, peut se marier civilement, malgré le vœu de célibat qu'il a prononcé devant Dieu et malgré l'article de la Constitution qui proclame le catholicisme religion de l'État. Le scandale de ces mariages n'a pas peu contribué à compromettre le prestige de l'Église.

En outre, il est arrivé en Italie que plusieurs prêtres, qui ont quitté les habits sacerdotaux, ont été nommés professeurs ou directeurs dans les écoles publiques et parfois proviseurs et inspecteurs des études dans les provinces. Je ne dis pas qu'on doit punir ces gens-là en leur ôtant les droits civils, l'exercice de l'électorat et les autres facultés données aux citoyens de l'État, car le Code pénal ne peut pas s'occuper des matières théologiques ; mais il me semble que c'est trop de les choisir pour de telles places aussi importantes et délicates. Pour moi, un abbé qui a été une fois membre de l'Église est toujours un abbé, quoique parjure, et doit rendre strict compte à Dieu de sa conduite infidèle. On dit que ce sont des hommes fort savants et possédant un riche bagage de connaissances et que, s'ils en sont arrivés à s'éloigner de l'Église, il faut qu'ils aient des convictions sincères pour entrer dans la direction philosophique qu'ils ont choisie. On ajoute qu'il est mieux de se montrer tel qu'on est, au lieu de persister à garder le masque et à être un faux prêtre, soit par la conduite morale, soit par les opinions professées. Oui, peut-être, il vaudrait mieux ôter le masque plutôt que de se mettre en contradiction avec une confession à laquelle on ne croit plus. Mais il y a une grande différence entre le fait de n'être pas désapprouvé et celui d'être encouragé par des récompenses et des distinctions.

On a commis encore une autre faute en Italie: c'est celle d'avoir supprimé les biens des couvents et d'avoir réduit les rentes du clergé. Outre qu'on a tiré un profit bien discutable, ayant vendu les terres et tous les immeubles à l'enchère, en donnant lieu aux spéculations des particuliers avides et sans conscience, il reste cet inconvénient que rien n'a été fait sous le rapport de l'assistance, pour remplacer le bien que faisaient ces couvents, qui étaient vraiment providentiels pour les pauvres. Il y a actuellement les bureaux de bienfaisance, qui fonctionnent assez mal et dont les administrateurs ne sont pas en état de connaître les besoins des pauvres et ne savent pas où existe la vraie misère. On avait prétendu que la richesse excessive était dangereuse dans l'intérêt même de la religion, car il était possible d'en abuser en ne l'utilisant pas dans l'esprit primitif. Mais les abus sont possibles sous toutes les formes et sont à redouter encore plus de la part des laïcs qui, n'ayant pas la préoccupation de leur salut éternel, n'exercent la charité que comme une obligation résultant uniquement de leur qualité d'administrateurs du patrimoine des pauvres.

On peut constater que ces institutions laïques ne suffisent pas aux besoins de la population, car, tous les ans, surgissent de nouvelles formes de charité, pour lesquelles on fait appel aux citoyens qui donnent malgré eux et sans conviction, sachant que la plupart des aumônes sont faites avec partialité et sans aucune clairvoyance. Que de bien, au contraire, ont fait les riches moines du temps passé !

Nous admirons encore les merveilleux chefs-d'œuvre artistiques, dont ils ont couvert l'Italie, et les grands avantages qu'ils ont procurés aux lettres et à l'agriculture même. C'est aux religieux de Saint Benoît qu'on doit, dans la province de Mantoue, la défense du Pô, obtenue par des digues très coûteuses qui rivalisent vraiment avec les constructions romaines. Dans la Bibliothèque de Mantoue, on conserve des livres très rares et très anciens, avec des miniatures d'une inestimable valeur, qui faisaient partie des immeubles de la Bibliothèque des Bénédictins. Sans eux, qui aurait pu conserver et cacher aux mains des chercheurs d'antiquités de tels ouvrages qu'on ne peut plus surpasser ni même imiter? Est-ce que tout cela n'a pas raison d'être mentionné comme des mérites pour les religieux, qui sont si méprisés à présent? On cite leurs caves remplies de vins délicieux, leurs fermes interminables, leurs provisions de poulets et de viande qui suffisaient à les maintenir une année entière. Mais on doit penser que tout cela était le fruit de leur travail (car ils étaient agriculteurs), et que le superflu, suivant l'Évangile, était distribué aux pauvres. Mais hélas! tout a disparu et à présent, le couvent, déclaré monument national, négligé et presque ruiné en partie, sert quelquefois aux meetings des socialistes et des prêcheurs des nouvelles théories politiques.

Je ne dis pas cela seulement par sympathie pour les choses mortes, mais pour l'amour que je porte à l'art et aux monuments qu'on ne peut plus reconstruire, car il n'y a plus des Jules Romain ni des Primatice qui puissent faire des peintures et des stucs, comme on en admire dans ce superbe temple.

Du reste, qu'a produit cette tendance à tout égaliser? Nous voyons les écoles cléricales plus fréquentées qu'auparavant, et les fils des ministres libéraux sont élevés dans les collèges dirigés par les prêtres, par les jésuites même! Et vous devez remarquer que ces écoles ne sont pas reconnues par le gouvernement et, que pour aller à l'Université, il faut être licencié dans une école nationale, car le diplôme délivré par ces collèges ne sert de rien, n'étant pas légal. Mais, comme les pères de famille désirent élever leurs fils dans le respect de la foi de leurs ancêtres et avec des idées morales et, disons-le, dogmatiques, ils préfèrent ces institutions privées aux institutions publiques, où l'on trouve des maîtres comme ceux que j'ai cités et des jeunes gens mal élevés par leurs familles.

Initium sapientiæ timor Domini. Ces mots

devraient être écrits sur la façade de toutes les écoles. Et les gymnases ainsi que les lycées auraient dû conserver leurs églises, que nous avons eu la douleur de voir transformées en palestres gymnastiques, comme il est advenu à Mantoue et dans la plupart des villes italiennes.

« Si vous redoutez l'influence et parfois la puissance des Jésuites, faites mieux qu'eux », a dit un grand Roi. Ainsi, pour que les écoles italiennes ne fussent pas désertées par les meilleurs éléments de la société, il fallait leur donner une direction plus conforme aux tendances de la nation.

J'admets que les écoles tenues par les prêtres soient, comme toutes celles de l'État, soumises à la surveillance des inspecteurs, afin que les règles hygiéniques et les autres mesures nécessaires à une maison fréquentée par de nombreux jeunes gens soient observées. Je comprends aussi que l'État s'assure qu'on ne donne aucun enseignement contraire aux institutions et à l'amour de la patrie. Tout cela est une naturelle prérogative du pouvoir, qui a très bien fait lorsqu'il a supprimé un pensionnat tenu par des religieuses, où l'on faussait l'histoire de l'indépendance italienne. Il y a des points vraiment délicats, comme l'explication de la campagne de 1870, où l'on doit parler de l'occupation de Rome, et je défie quiconque de prouver que cette campagne faite contre un vieux Pontife puisse donner un exemple de bonne politique à nos neveux. On devrait se borner à exposer les faits, tels qu'ils résultent de l'histoire, sans faire des observations, qui pourraient parfois sortir du sujet et montrer sous un mauvais jour les principaux personnages de la guerre de l'Indépendance. Mais l'impartialité est une des choses les plus difficiles à observer, et l'historien qui n'a pas obéi à des passions personnelles n'existe pas. Tacite, lui-même, le grand historien romain, n'a pas su s'en affranchir.

III

La loi italienne réfrène également les abus des prêtres dans leur ministère. Les articles du code pénal, signés par Zanardelli, contiennent les trois cas spéciaux suivants :

Articles 182. Le ministre d'un culte qui, dans l'exercice de ses fonctions, blâme publiquement les institutions ou les lois de l'État ou les actes de l'autorité, est puni par un maximum d'une année de détention et par l'amende de 100 francs au maximum.

183. Le ministre d'un culte qui, en profitant de sa qualité, excite au mépris des institutions, des lois ou des dispositions de l'autorité, ou bien à l'inobservance des lois, des dispositions de l'autorité, ou des devoirs inhérents à un office public, est passible d'une détention de trois mois à deux ans, ou d'une amende de 500 à 3000 francs et de l'interdic-

tion perpétuelle ou à temps du bénéficeecclésiastique. Si le fait est commis publiqueme nt, la détention peut être étendue jusqu'à trois ans. Le ministre d'un culte qui, en se prévalant de sa qualité, conseille à quelqu'un des actes ou des déclarations contraires aux lois ou à leur détriment, est passible des mêmes peines.

184. Quand le ministre d'un culte, en se prévalant de sa qualité, commet un délit différent de ceux prévus par les précédents articles, la peine établie pour le délit commis est augmentée d'un sixième à un tiers, à moins qu'il n'ait été tenu compte déjà de sa qualité de ministre du culte.

Il faut considérer distinctement les trois articles du nouveau code pénal, pour être capable de pénétrer l'esprit qui en a dicté les dispositions.

L'article 182 vise le cas où un ministre blâme les institutions ou les lois de l'État. Cela est arrivé maintes fois en Italie et même trop souvent ; c'est pourquoi on a voulu y mettre un frein.

L'article 183 vise le cas moins fréquent, où le ministre d'un culte se sert de sa position pour inciter les autres à commettre des infractions aux lois ou aux devoirs qui sont inhérents à une charge publique ; et, comme cet abus est plus dangereux que le premier, la peine est plus grave et s'étend au bénéfice même, qui peut être ôté pour cette cause.

Et, par suite, le même article vise le cas où, au lieu d'une simple excitation, le ministre exerce une vraie pression pour provoquer des actes contraires aux lois ; et la peine est naturellement aggravée, c'est-à-dire peut aller jusqu'à trois ans de prison. Ici, on a en vue le cas, où un prêtre, dans la confession par exemple, contraint quelqu'un à ne pas voter par des raisons politiques, appliquant ainsi la théorie du « non expedit » qui a été malheureusement inaugurée par Léon XIII.

Si quelque fidèle se voyait refuser l'absolution dans ces conditions, il pourrait dénoncer ce fait au magistrat, et le prêtre coupable de cet abus pourrait être puni de la peine établie par l'article 183.

Enfin l'article 184 vise les délits commis par les ministres des cultes dans l'exercice de leur ministère, et les peines établies sont augmentées d'un sixième à un tiers, à moins qu'il ait été déjà tenu compte de la qualité du délinquant.

En somme, la loi veut que l'abus commis par le prêtre en qualité de prêtre soit puni plus sévèrement que si le même délit était commis en dehors de sa condition de ministre du culte. Contre ces trois dispositions, les évêques ont protesté à la Chambre des députés, en envoyant un mémoire très étudié, qui avait pour but de démontrer les dangers que courait la liberté des ministres des cultes et la possibilité de donner lieu à des vengeances de la part de l'autorité et même des particuliers, car il était très facile à ceux-ci de dénoncer un ministre comme coupable des délits visés par les trois articles mentionnés. La Chambre, après une longue discussion, a fini par approuver les articles, et le Sénat même les a ratifiés, de sorte qu'ils sont insérés dans le code pénal actuel.

En confrontant les dispositions du nouveau code avec celles du précédent, on aperçoit que la plus grande sévérité se manifeste dans le dernier article, où l'on vise tout particulièrement la qualité de prêtre, indépendamment de la gravité du crime ; et, par cette unique raison de la qualité de la personne, on augmente les peines d'un tiers au maximum ; tandis que, dans le code précédent, on disait que les peines ne devaient pas être appliquées dans leur maximum.

J'approuve que l'État combatte la puissance excessive des ministres du culte sur les consciences, tant dans les questions électorales que dans tous les autres cas. Les prêtres ne devraient pas se plaindre de ces dispositions, car ils devraient eux-mêmes reconnaître que tout abus doit être puni, et la religion même enseigne qu'il faut respecter les lois et que personne n'est à l'abri de leur sanction.

Omnis potestas a Deo, a dit saint Paul, et les prêtres, relativement aux choses temporelles, sont soumis la plupart du temps à l'État comme les autres citoyens. Je dis pour la plupart du temps, puisque j'ai accepté le principe que pour l'Église il doit y avoir quelques privilèges, qui lui donnent plus de décorum et plus de liberté dans l'exercice de ses fonctions. Et, en vérité, même les peuples païens, comme les Romains, accordaient des exemptions à l'Église et à ses ministres pour pouvoir soutenir les frais nécessaires au culte et pour leur donner une meilleure position sociale, qui les mît à même de se faire respecter.

En concluant, le code pénal de Zanardelli n'a pas accru les peines contre les ministres de la religion, si ce n'est en des cas spéciaux. Ces lois ne peuvent pas être interprétées comme hostiles à l'Église, car elles ne visent que des ministres indignes ou des criminels, et non les bons prêtres, auxquels on laisse toute liberté de prêcher et d'exercer leurs devoirs. Ici, le législateur italien a exercé un droit reconnu par toutes les législations, et la meilleure preuve de la bonté de telles dispositions, c'est qu'on n'a presque jamais eu besoin de les appliquer ; car les prêtres savent très bien qu'ils ne peuvent pas abuser de leur ministère, sans être condamnés par les lois.

Puisque nous en sommes à traiter des privilèges, il faut faire mention des tribunaux ecclésiastiques. Les lois modernes, en Italie, les ont abrogés, en les réputant incompatibles avec les idées du siècle présent. Mais, du moment qu'il y a des tribunaux militaires et une procédure spéciale pour les représentants de la Nation ainsi que pour les ministres, pourquoi n'y aurait-il pas également des tribunaux particuliers, où le prêtre serait jugé par ses pairs ? Il faut que les crimes commis par les prêtres soient jugés par des magistrats qui connaissent mieux la nature du mal et qui soient en position plus élevée et non inférieure à celle de celui qu'on doit juger. Le magistrat commun, n'ayant pas le caractère sacré, serait en condition inférieure et n'aurait pas de compétence pour définir exactement les limites de l'infraction commise. Qu'on ne dise pas que l'institution des tribunaux ecclésiastiques est en contradiction avec ce qu'on a soutcnu relativement aux abus commis par les ministres du culte. Au contraire, chaque abus devrait être condamné par des juges naturels du clergé et non par l'autorité civile, qui parfois pourrait dépasser la mesure. Je voudrais seulement que les tribunaux ecclésiastiques, en ce qui concerne l'ordre civil et les lois communes aux séculiers, fussent composés en partie par des laïcs qui représentassent les tribunaux ordinaires, afin d'empêcher les arrêts non conformes à la justice de la cause.

IV

Il est temps de parler d'une lettre publiée
de nos jours par les évêques de la Lombar-
die réunis au couvent de Rho, près de Milan,
pour discuter des questions vitales concer-
nant la société moderne.

Après avoir reconnu l'existence de la question sociale qui s'aggrave de jour en jour et
l'émigration qui augmente davantage, on a
recherché les causes et on a dit que la faute
principale en est au gouvernement, qui a
ouvert les portes à l'ennemi.

On a laissé trop de liberté à la presse, qui
a démoli tout ce qui est saint et vénérable, et
on a répandu le vice. On a restreint, au contraire, la liberté de l'Église, qui est chassée
des écoles, des institutions de charité, des
Universités. Elle est dépourvue de ses auxi-
liaires les plus valides par la dispersion des
ordres religieux. Les ministres du culte sont

toujours en diminution, surtout à cause de la loi de la conscription, des lois de suppression de plusieurs legs ou chapelles et de la spoliation des séminaires.

Les classes riches aussi ont leur part de culpabilité en cela. Sauf quelques exceptions, elles se sont éloignées de Dieu, en foulant aux pieds toutes lois de l'Église. Et, tandis qu'elles exploitent les inférieurs et qu'elles retardent parfois le paiement du salaire de leurs ouvriers, elles gaspillent des trésors en dépenses inutiles et purement voluptueuses.

Nos ancêtres vivaient à la campagne, au milieu de leurs paysans, dont ils étaient moins les maîtres que les frères exemplaires.

Les pauvres eux-mêmes ont quelque part au déplorable état de la situation. La dépravation générale, fomentée par les classes supérieures, a gagné malheureusement aussi les classes pauvres, et, avec la perte de la foi, les mœurs sont dépravées, tandis que les exigences des passions sont augmentées outre mesure. Les pauvres ont perdu l'esprit de prévoyance : ils consomment tout ce qu'ils gagnent, en laissant dans la privation leurs femmes et leurs enfants.

On ne respecte plus le repos dominical, et la théorie du collectivisme, inventée par Kar Marx, a pénétré dans les esprits de la population rurale et ouvrière. On veut, avec cela, l'abolition de la propriété, de la famille et de la religion, quoiqu'on ne le dise pas claire-ment, pour ne pas heurter les sentiments de certaines âmes qui conservent encore quel-que trace de foi et de moralité, mais en réa-lité c'est ce résultat que l'on vise.

La lettre continue à rechercher les inten-tions des nouvelles théories et elle trouve que ses origines sont très suspectes, car elles sont soutenues très souvent par des juifs et des francs-maçons possédant quelque fortune et dont beaucoup sont millionnaires.

On ne peut avoir aucune foi dans les riches juifs, qui font tout par intérêt, et l'on ne peut supposer qu'ils veuillent partager leurs biens ; mais, s'ils font quelque acte de bienfaisance, c'est pour en tirer de plus grands avantages, comme dit le Rabbin Maire.

On fait appel aux remèdes proposés par le Souverain Pontife dans ses encycliques, *Rerum novarum* et *Graves de communire*.

On dit que la démocratie fait maintenant de grands progrès.

La lettre continue : « Dieu, qui n'est jamais en dehors des choses humaines et qui, au contraire, les dirige pour la réalisation de ses desseins, a peut-être décidé de punir les classes les plus élevées de la société, lesquelles, pour détrôner les autres autorités et même Christ et son Vicaire, se sont servies des principes qui se tournent contre leur auteur. Il faut christianiser cette démocratie ; voilà la mission des catholiques. L'Église invite les riches à descendre de leurs hauteurs et à fraterniser avec le peuple, à l'éduquer et à l'aider. Les unions professionnelles (syndicats) aideraient à apaiser les conflits et à maintenir les patrons plus en contact avec leurs salariés. »

La lettre dit encore qu'il faut respecter les contrats en vigueur, qu'on doit s'abstenir de toute violence et qu'il ne faut recourir aux grèves qu'en cas de nécessité, et toujours avec calme. On invite le peuple à se constituer en des sociétés catholiques, dans le but d'améliorer sa condition économique, de se prêter un appui mutuel et de sauver le suprême des biens, à savoir la religion.

La lettre termine en s'adressant au clergé, en disant que les prêtres « doivent entrer sans crainte dans le nouveau champ et assumer cette mission populaire, qui a pour but de sauver les hommes au moyen du sacerdoce. Ils doivent favoriser la formation des ligues et choisir les éléments les plus indiqués, en les animant de l'esprit religieux. » On parle encore des discussions soutenues par les prêtres dans les réunions publiques et on les désapprouve, car on dit que les adversaires emploient des moyens qui ne sont pas loyaux et que c'est manquer à sa dignité que de braver l'impolitesse de la foule, qui sort des bornes permises de la modération et des convenances.

On conclut que les catholiques ne sont pas révolutionnaires, mais qu'ils respectent l'autorité et obéissent avec conscience. Ils voudraient seulement la liberté de faire le bien, la liberté de s'associer pour instruire, éduquer la jeunesse trahie à cette heure, pour assister les malades, pour répandre dans le pays et au dehors la lumière d'un Évangile, qui, avec l'amour de Dieu, engendre le plus sincère, le plus tendre et fécond amour du prochain. « Si le gouvernement veut réellement le bien de la nation, il doit se convaincre que Jésus-Christ et l'Évangile seulement doivent être les inspirateurs des lois, la règle de sa conduite. »

Est-il quelque chose de plus juste que cette lettre écrite par les évêques lombards, afin qu'elle soit lue et commentée dans toutes les églises, dans le but de détruire tant d'erreurs et de renforcer cet esprit d'obéissance envers les maîtres et l'autorité qui menace de disparaître? Pourtant on combat le clergé et les journaux cléricaux, parce qu'on craint qu'ils ne fassent la guerre à la nation et deviennent dangereux pour l'unité de la patrie. Quant à moi, je soutiens que, si l'autorité civile était en plein accord avec l'autorité ecclésiastique, ces dangers n'existeraient plus et les âmes seraient sauvées.

C'est en effet dans son âme que le peuple est menacé aujourd'hui ; quant aux conditions physiques, elles se sont beaucoup améliorées. Il est évident qu'à présent les pauvres sont mieux nourris qu'auparavant et que les maisons sont plus saines et mieux tenues qu'elles ne l'étaient jadis. Il y a donc des améliorations en plusieurs choses ; mais, avec le progrès, les besoins ont augmenté et ils ont produit l'affreuse conséquence du déplacement des classes. Si le progrès est ce que nous voyons, je regrette le passé, c'est-à-dire le temps où nos ancêtres étaient heureux et satisfaits de peu. Tant que le peuple voudra être égal en toutes choses à ses maîtres, il sera toujours mécontent de sa situation. Il faut qu'il se convainque que les maîtres sont nécessaires et que les différences sociales ne disparaîtront jamais, puisqu'elles sont dans la nature même des choses et de la société. Et cela est si vrai qu'Aristote justifiait l'esclavage en le disant un mal nécessaire, bien que contre la nature. Je n'arrive pas à cette conclusion, mais je dis que, pour l'ordre de la création, Dieu a voulu qu'il y ait toujours quelque différence entre les êtres, et que les plus forts et les plus intelligents soient supérieurs aux plus faibles et moins intelligents.

V

J'apprends qu'il vient de paraître ces jours-
ci un livre du professeur Volpe tendant à
démontrer que pour l'Italie l'unique moyen
du salut est dans l'accord des catholiques
avec les libéraux modérés, pour concourir
tous ensemble aux élections politiques, malgré la défense du Pontife.

1° Il dit que le Pape maintient le principe
du « non expedit » uniquement par peur des
intransigeants et par rapport aux nations
étrangères.

2° Que le Pape, en autorisant le Père Au-
guste de Mantifette à bénir l'Italie et le Roi,
avait l'intention d'approuver l'état présent
des choses et même la participation aux
élections politiques.

3° Que, si les catholiques n'allaient pas
voter pour les députés, les démagogues
socialistes deviendront toujours plus auda-

cieux, et des événements toujours plus funestes en résulteront pour l'Italie.

Il se peut que le Pape ait prononcé le « non expedit » sur les conseils du parti le plus intransigeant du Vatican, espérant gagner ainsi une grande partie de l'Italie catholique à sa cause ; mais, s'il a fait ces calculs, je crains qu'il soit déçu, car les catholiques en général vont voter tout de même, dans la conviction qu'ils exercent un droit et un devoir en même temps qu'ils ont la satisfaction de donner leur appui au candidat qui se rapproche le plus de leurs opinions politiques. Et en effet, si les catholiques convaincus, qui sont les meilleurs partis du corps électoral, s'abstenaient aux élections, il est certain qu'on verrait au Parlement les pires représentants des partis extrêmes, au grand préjudice de l'ordre public et des intérêts de la Monarchie et des conservateurs.

S'il s'agissait de dogmes, les catholiques seraient forcés d'obéir, mais, heureusement, on n'a pas fait une question dogmatique d'une opinion personnelle de quelque intransigeant, et ce serait confondre les questions ecclésiastiques avec les questions civiles que de déclarer dogme spirituel le principe du « non expedit ».

D'autre part je crois que M. Volpe se trompe lorsqu'il dit que le Pape a approuvé l'état actuel des choses par le fait de la bénédiction qui fut donnée par le Père Augustin dans l'église de Saint-Charles à Rome. En effet, la Congrégation des Rites a stigmatisé indirectement la méthode trop libérale du père Augustin dans ses prédications; et, en outre, la pratique générale n'admet pas dans les églises romaines le genre de prédication du père Augustin.

Je ne crois pas que le Pape ait autorisé les déclarations du prêcheur ; je pense qu'il a obéi à son élan personnel et qu'il a saisi l'occasion d'un brillant succès de rhétorique. Il est excusable qu'un fougueux orateur laisse échapper dans ses discours des paroles qui ne sont pas l'expression des idées de la plupart des philosophes de l'Église romaine.

La troisième observation de M. Volpe, relativement aux périls démagogiques qui résulteraient du suffrage universel, est très exacte et je m'y associe de tout mon cœur. Qu'on ne dise pas que les idées démocratiques sont destinées à se développer fatalement au travers de tous les obstacles, car, si l'on faisait quelque chose pour entraver le mouvement au moyen de forces contraires aussi puissantes qu'elles, au lieu de compter à la Chambre cent socialistes, nous aurions à leur place cent catholiques, comme nous le voyons en d'autres pays où l'Église travaille directement pour soutenir le parti conservateur et religieux. Mais hélas ! chez nous c'est le contraire qui existe, et on voit l'Église prêcher l'abstention qui sert les partis extrêmes au lieu de leur nuire. Avec l'abstention, les hommes renoncent volontairement à un des droits les plus sacrés qu'accordent les lois et ils se ferment la voie à tout avenir politique. Il faut donc que l'Église marche avec l'autorité civile, si l'on veut que la patrie soit grande et puissante ; et les inconvénients de la séparation de l'Église et de l'État ont été démontrés par le Syllabus de Pie IX à la proposition LXme. Comment les séparer, puisque tous les deux dépendent de Dieu ? Dieu, qui est la cause première de tout être, est nécessairement le maître des autorités civiles, politiques, militaires, dont l'État se compose ; et les rapports entre l'Église et ces autorités sont continuels, inévitables et, pour ainsi dire, connexes au but de la conservation et de l'amélioration du peuple qui forme la patrie. Je ne ratifie pas la doctrine contenue dans les allocutions de Boniface VIII : *Oportet gladium esse sub gladio, et temporalem autoritatem spirituali sub potestati.* Il exigeait sans réserve la soumission du pouvoir civil au pouvoir religieux, et il voulait un gouvernement purement théocratique comme celui des prédécesseurs, qui ne cédaient ni aux rois ni aux empereurs.

Dans le Syllabus, on condamne le principe du *Regium placet* ou *Exequatur*. Et cette théorie est commentée par Mgr. Rota, évêque de Mantoue, dans les observations sur le Syllabus. Il tire cette conséquence de l'exemple des Apôtres, qui n'avaient pas besoin d'avoir l'*exequatur* des empereurs romains, afin de répandre leurs doctrines dans le monde. Il eût été ridicule, dit-il, que Paul et Barnabé eussent dû recourir à Néron ou à Caligula, pour inaugurer le nouveau testament et déclarer la caducité de la loi de Moïse, ce qu'ils ont fait à Jérusalem, et puis dans les villes de l'Asie Mineure par l'entremise de leurs légats. Toutefois cette déclaration heurtait les traditions et les lois mêmes du pays. Eh bien ! ils ont résisté aux supplices, aux tourments de tout genre, mais ils n'ont pas cédé, car ils savaient quel était le maître qui les avait envoyés. *Euntes docete omnes gentes* (Mathée, chap. XXVIII).

Je juge que, dans ces matières, il faut séparer les choses divines des choses temporelles. Pour les premières, je crois qu'il serait absurde d'exiger l'*exequatur* ou *placet*, puisque ce serait confondre les compétences de l'Église avec celles de l'État ; mais, pour les secondes, il est certain que l'État doit avoir un contrôle, d'autant plus que les liens dont il s'agit sont dépendants de lui. Or, il serait injuste de conférer des bénéfices aux gens qui sont manifestement hostiles au gouvernement ou qui voudraient s'en servir pour le combattre.

L'État, avant de concéder les avantages temporels, doit s'assurer que le bénéficiaire n'est pas l'ennemi déclaré des institutions.

Le contrôle de l'autorité civile est également nécessaire dans les processions religieuses en public. Il se peut que, dans certains cas, ces manifestations du culte provoquent des désordres ou des manques de respect de la part des témoins, par exemple en cas de foires, de réunions gaies ou de quelques fêtes du pays.

Dans ces circonstances, il est clair qu'il vaut mieux interdire la procession, pour éviter ces inconvénients, car, au lieu de donner plus de prestige au culte, elles produiraient un effet contraire, en devenant une occasion de scandale pour la jeunesse et pour tout le monde.

C'est pourquoi l'autorité civile, ayant d'abord bien pesé ces raisons, peut et doit empêcher le prêtre de porter sur les places les saints et l'hostie sacrée.

Dans le même esprit de prudence, l'autorité a droit de savoir auparavant le sujet des conférences tenues en public et de connaître le nom de l'orateur pour savoir si elle peut ou non l'autoriser. Il se peut que l'orateur soit connu par son intransigeance ou que le sujet traité soit par sa nature inopportun, ou qu'il soit absolument contraire aux vues du gouvernement ou de l'administration locale sous quelque rapport de grande importance : dans ce cas, il est évident que l'autorité doit refuser son autorisation. Ces choses sont communes à toutes sortes de gouvernements, qu'ils soient républicains ou monarchiques, car le besoin de l'ordre public est le même partout.

Les écrivains religieux sont donc blâmables, lorsqu'ils soutiennent que l'État ne doit jamais mettre des bornes ni aux processions religieuses, ni aux conférences publiques, prétendant que le caractère de ceux qui les organisent devrait être une garantie de leur excellence. C'est là une erreur, car les excès sont toujours possibles, qu'il s'agisse de personnes du siècle ou de celles du clergé. Et il est superflu de citer des cas et des noms, chacun se souvenant des nombreux inconvénients qu'on a eu à déplorer.

Les gouvernements doivent procéder en toutes choses avec circonspection, afin de ne pas heurter les sentiments de la plupart des catholiques. Je juge par exemple qu'il a manqué de tact, quand il a déclaré le 20 septembre fête nationale. Quel besoin avait-on de nouvelles fêtes, alors que nous en avons déjà trop ? En outre, cette date rappelle, pour quelques-uns, une gloire de l'Italie nouvelle et, pour d'autres, un jour de deuil et de regrets continuels. On comprend bien quelle est la Personne dont il s'agit. Ce sont des événements qu'il n'est pas politique de rappeler à la mémoire du pays.

Les manifestations extérieures, telles que le pavoisement des casernes et de tous édifices publics, les musiques militaires et civiles dans toutes les villes et les villages ont provoqué des démonstrations anti-cléricales qui, si elles ne sont pas officielles, sont néanmoins tolérées. Ces procédés impolitiques empêchent le rapprochement entre l'Église de Rome et le gouvernement, car ils exaspèrent les catholiques, qui, tout en étant des libéraux, sont en même temps des croyants sincères et dévoués à l'Église. On reconnaît généralement la nécessité du *modus vivendi*, et l'on compromet les avantages matériels et moraux qu'il procurerait à l'Italie ; mais la Chambre, qui est composée d'éléments radicaux et ennemis de la religion, en entrave par ses délibérations et tous ses actes la réalisation. Quelquefois (il faut l'avouer) le Saint-Siège lui-même s'écarte de la méthode d'apaisement que nous conseillons. Pendant les cérémonies à Saint-Pierre (à portes closes bien entendu), les pèlerins venus de toutes les parties du globe crient : « Vive le Pape Roi ! » Ces manifestations ne devraient pas être permises par l'autorité ecclésiastique, car elles troublent la dignité des cérémonies et compromettent les intérêts du Pape vis-à-vis du pays. Que dirait-on, en France, si les catholiques italiens ou d'autres pays allaient dans les églises, pour faire des démonstrations hostiles à la République, en faveur par exemple de la légitimité et se permettaient des cris séditieux ? Ce n'est pas là le moyen de résoudre les problèmes politiques, et en outre ces cris sont une provocation à l'Italie entière, puisque son organisation en Monarchie constitutionnelle a été reconnue légitime par les autres nations. Les étrangers doivent se comporter avec prudence et impartialité dans ces circonstances délicates et respecter les gouvernements du pays où ils se trouvent. Les églises étant sacrées et intangibles pour la police elle-même, on en profite et l'on arrive à ces excès sous les yeux mêmes du gouvernement qui n'intervient pas, afin d'éviter des maux plus graves encore ? L'Église n'a rien à craindre pour sa stabilité et l'influence qu'elle a toujours exercée dans le monde.

Vous voyez comment ont réussi les jubilés qui ont été célébrés par les Pontifes en tous les temps. Le dernier même, qui fut si imposant par la présence d'innombrables fidèles, ne provoqua aucune impolitesse qui en troublât l'exercice; et tous les peuples, animés de piété que l'Église Romaine a su inspirer, retournèrent dans leur patrie, vraiment édifiés par le spectacle qu'ils venaient de contempler dans la ville de Rome. Chacun pouvait remplir ses devoirs, faire le tour des églises, déployer toutes les manifestations que nécessite l'obtention des indulgences, sans que personne ait fait, en quoi que ce soit, obstacle à ces pieux exercices. Ils ont vu l'État et les administrations s'appliquer de toute manière à rendre plus solennel et plus grandiose le jubilé du Pontife. La police, lorsqu'elle a été sollicitée de prêter son concours, a déployé le plus grand zèle pour le maintien de l'ordre.

L'Église Romaine a une force d'attraction qui ne se trouve en aucune autre doctrine religieuse. La meilleure preuve nous en est donnée par l'Amérique où, tous les ans, il y a d'innombrables conversions au catholicisme.

La grandeur des cérémonies, l'éclat, le charme intérieur du rite, tout cela concourt à entraîner le peuple, et les femmes plus particulièrement, vers cette ancienne institution romaine qui conserve dans la forme extérieure beaucoup de traditions latines.

Les femmes ont encore une raison de préférer le catholicisme : c'est le principe de l'indissolubilité du mariage, lequel est une garantie pour elles, n'ignorant pas que si elles épousent un catholique, celui-ci ne pourra jamais les répudier pour en épouser une autre, quel que soit le motif qu'il puisse invoquer.

VI

L'Eglise Romaine repose sur une hiérarchie solide et merveilleuse, et elle a pu résister à maintes révolutions sans s'écrouler. La base de cette hiérarchie est une organisation des pouvoirs spirituels, qui sont fondés sur les doctrines du Christ, adaptées et modernisées selon les circonstances et les temps. Il est certain que la religion n'a pas changé, mais les formes subissent des évolutions en tous sens, comme du reste toutes les choses humaines. L'Église est moderne, lorsqu'elle s'occupe des questions sociales, comme dans la fameuse encyclique *Rerum novarum* sur le socialisme, etc. Elle est moderne, lorsqu'elle intervient dans les questions du travail des femmes et des enfants, dans les questions de prévoyance, des associations ouvrières, des rapports entre le travail et le capital. Elle ne désapprouve pas les grèves, qu'elle considère comme légales dans les cas où il s'agit de résister aux exigences excessives des capitalistes, et elle prend alors parti en faveur des opprimés. Elle est moderne, lorsqu'elle prend part aux discussions dans les académies, pour soutenir les principes inébranlables sur lesquels repose son origine et d'où son influence s'exerce sur tout l'univers. Les journaux, les revues, qu'elle répand dans le monde et que ses innombrables lecteurs acceptent sans discussion parce qu'ils renferment des enseignements reconnus infaillibles, toutes ces choses-là servent à lui obtenir une vénération et un dévouement merveilleux, dont ne jouit aucune autre confession.

Une religion pleine de dogmes mystérieux comme la religion catholique doit tout naturellement s'imposer à l'âme humaine. Nous voyons l'Amérique, qui est le pays le plus libre sous le rapport de croyances et de l'éducation, quoi qu'elle compte d'innombrables sectes et beaucoup de libres penseurs, en voie de devenir catholique. C'est là le plus grand miracle réalisé par cette doctrine qui ne cesse d'être combattue par les philosophes de l'Allemagne, de l'Angleterre et de tous les pays, mais qui, malgré tant d'ennemis implacables, en a toujours triomphé et ne changea jamais son esprit ni ses vues de domination universelle.

Il n'est que trop vrai que, plusieurs fois, la politique italienne envers la Papauté a été absolument erronée et empreinte de trop de légèreté et presque de mépris. Nous l'avons déjà dit, mais nous ne le répèterons jamais assez, le Pape est une puissance internationale : il doit être considéré comme tel par les ministres du Roi d'Italie. Mais on a cherché au contraire à ôter aux cardinaux l'ancienne autorité et aux prêtres le respect qu'exigeait leur position sociale. Pourquoi exclure le clergé des conseils locaux et même des institutions de bienfaisance ? Il résulte de là que les conseils sont formés par la partie la plus libérale et sceptique de la population, au grand dommage des principes moraux qui sont la force des nations.

Les prêtres sont particulièrement indiqués pour l'administration du patrimoine des pauvres, car ils connaissent les besoins des familles indigentes, puisqu'ils se rapprochent d'elles en plus d'occasions, par suite de leur ministère même. Or, au lieu de laisser ce patrimoine aux mains de gens qui en usent dans un but politique et parfois immoral, n'était-il pas mieux de confier ces biens à la discrétion d'hommes qui ont voué leur vie à faire le bien, dans l'espoir d'une récompense éternelle ?

Il faut conserver et ne point détruire cet organisme admirable qu'est le catholicisme; il dérive directement de l'Empire Romain, et le Pontificat a l'empreinte de la civilisation latine. On ne doit pas se borner à considérer le Saint-Siège comme le produit et l'incarnation de l'Évangile, mais plutôt comme un pouvoir politique et hiératique ayant un chef spirituel par l'essence, mais temporel par les relations avec les autres États, et autour de lui les représentants du clergé, qui est une classe distinguée, ayant des droits spéciaux. Le catholicisme est un produit italien ou latin, comme l'on veut, mais certainement composé de la culture et des lois romaines. Qu'est-ce que le droit canonique, sinon la législation romaine adaptée à l'Église ? Tout est romain en droit ecclésiastique, la langue, les mœurs, les principes de justice, les rapports des individus entre eux et avec la société.

Par suite de la guerre latente et souvent ouverte qu'on fait à l'Église, il résulte que celle-ci vise à la destruction de l'État et vice-versa, de sorte que l'État en reste affaibli, tandis que l'Église y perd de son influence. Il faudrait qu'en certaines choses l'Église fût plus conforme au progrès des peuples et s'adaptât un peu plus aux circonstances, sans, bien entendu, céder de ses droits ; et je crois que de cette façon on arriverait à un accord avec l'État, qui ne demande pas mieux et qui trouverait sa fortune et sa force en même temps.

Les prêtres, de leur côté, devraient se montrer plus animés de l'amour de la patrie, plus dévoués à la Monarchie qui nous régit et qui nous est nécessaire pour maintenir l'unité du Royaume d'Italie. A leur tour, les ministres de l'État devraient prodiguer des faveurs au clergé, qui est la base de la société civile et sans l'aide duquel on ne peut gouverner les peuples.

Comme le dit très bien un député italien, auquel j'ai emprunté quelques idées exprimées ici, il faut dispenser au clergé des faveurs et des rigueurs : celles-ci, pour empêcher le clergé de franchir les justes limites, celles-là, pour l'intéresser à la conservation et au perfectionnement du pays.

On déplore dans le clergé l'absence de patriotisme. Mais faut-il s'étonner qu'il soit hostile au pouvoir et à la Monarchie, alors qu'on n'a rien fait pour le lier à la Nation, mais au contraire tout fait pour le mécontenter dans ses droits les plus sacrés et inviolables ?

VII

Mais passons à d'autres arguments. Parlons du dernier congrès catholique qui a eu lieu à Tarente.

Sous le nom de congrès catholique, on a organisé une réunion d'hommes politiques et d'ecclésiastiques de plusieurs villes, et les séances ont été tenues dans une église de Tarente. Je n'approuve pas qu'on utilise les églises mêmes pour des conférences catholiques, car on sait trop bien que les conférences contradictoires donnent lieu à la manifestation souvent violente de sentiments contraires. Après un discours du comte Paganuzzi, Président du Congrès, sur le mouvement catholique en général, on a donné la parole à plusieurs des assistants, à l'évêque de Livourne entre autres. Celui-ci a terminé son discours en criant : « Ou Rome ou la mort ! »

Ce cri, qui fut pour la première fois jeté par Garibaldi, avait, dans la bouche de ce dernier, une signification bien différente de celle que lui donnait l'évêque livournais. Le lecteur comprend très bien, sans que je m'attarde à l'expliquer, la pensée du prélat italien. Il s'ensuivit que le gouvernement dut faire une enquête pour établir la responsabilité de l'évêque. Celui-ci a dû donner la signification de ses paroles en recourant à un artifice de langage. Il a dit que « par Rome, il entendait le centre du pouvoir spirituel du Pape, la résidence éternelle du Chef de la Chrétienté, et que, plutôt qu'abandonner les principes de la Religion Romaine, on devrait préférer la mort même, comme les martyrs des premiers temps. »

Toute violence, toute menace est inconciliable avec l'esprit de douceur et d'abnégation qui doit inspirer la conduite des prêtres, quel que soit le culte qu'ils professent. On ne gagne rien avec les menaces et les moyens violents, mais au contraire, on conquiert les âmes des sujets et des gouvernants même avec la loyauté et les procédés pacifiques. La conquête des droits se doit faire par évolution et non par révolution; celle-ci ne sert à rien et le plus souvent laisse les choses au point même où elles en étaient auparavant. Il est inutile de lancer des invectives contre tel ou tel autre ministre de l'État et quelquefois contre des personnages encore plus élevés, si l'on n'a pas les motifs suffisants pour démontrer que la situation actuelle, faite au clergé en Italie, est devenue en effet insupportable, ainsi que les écrivains de choses ecclésiastiques le déclarent sans cesse.

Que les représentants du culte et du droit divin sur la terre n'aient donc aucune crainte; qu'ils se souviennent que saint Paul a dit que : *Portæ inferi non prævalebunt*, et que leur religion, si elle est pure et sincère comme la voulait Jésus-Christ, restera puissante et éternelle dans la conscience de la nation italienne, comme partout où elle est pratiquée. Qu'ils s'en tiennent aux choses de la foi et à l'amélioration matérielle du sort des déshérités, au moyen des opérations de bienfaisance mutuelle et de la prévoyance. C'est là leur champ de bataille, où les âmes pacifiques donneront des résultats plus féconds que la violence de la guerre.

Au Congrès de Tarente, on a traité toutes ces questions, mais on a peu conclu à cause des rivalités violentes. Cette réunion n'a eu d'autre résultat que de provoquer chez la police des soupçons déplorables et sans rien produire en faveur des classes ouvrières pour lesquelles on s'était réuni. Voilà à quoi conduit une fausse politique, parce qu'elle n'est pas animée de la charité évangélique, le plus simple mais en même temps le plus précieux des sentiments chrétiens.

Je suis contraire à toutes les choses faites dans le mystère, car je crois que, lorsqu'on fait du bien, on ne doit pas craindre d'agir au grand jour.

Les réunions des catholiques devraient être publiques, parce qu'elles ont pour objet la manifestation la plus élevée de l'éthique sociale, c'est-à-dire la religion. Je pense de même à l'égard de toutes les réunions, quel qu'en soit l'objet.

Pourquoi la Maçonnerie agit-elle en secret dans des salles interdites aux personnes étrangères à l'association ? Pourquoi a-t-elle des chefs juifs en Italie, où tous les adeptes sont regardés avec défiance ? Si elle n'était pas contraire à quelque institution reconnue par les lois italiennes, si elle n'avait pas un but dangereux, capable de heurter la conscience de quelques-uns il est clair qu'il serait inutile de pratiquer le secret absolu sur les opérations qu'elle accomplit. M. Nathan, Grand Maître de la Maçonnerie, a tenté l'année dernière, dans un grand discours qui fut publié, de dissiper les préventions, mais il n'a pas réussi.

En un pays catholique comme le nôtre, la Maçonnerie ne devrait pas être tolérée, car elle a pour but manifeste la destruction du catholicisme et, par conséquent, la guerre aux prêtres et aux jésuites en particulier ; en un mot elle tend à supprimer une instilution reconnue légale et juste par le droit public italien.

Tout programme et statut de société devrait être publié et soumis à l'appréciation de l'État ; la Maçonnerie devrait être contrainte à exposer, par des déclarations publiques, le but qu'elle se propose dans la société.

La Maçonnerie inspire à beaucoup une antipathie invincible, parce que ses chefs sont des sectaires passionnés, et ses adeptes, n'acceptant pas la révélation, se font une morale à eux, fondée exclusivement sur l'égoïsme et sur l'intérêt personnel. Tant que cette secte persistera à exclure quiconque professe une religion et à placer au-dessus de tout les intérêts matériels, je soutiens que l'État devra s'appliquer à la détruire radicalement, comme contraire aux principes de toute société normale.

Elle est dangereuse pour l'Église comme pour l'État, puisqu'elle tend à s'organiser contrairement aux règles sur lesquelles repose l'État. En d'autres pays, cette association a des buts divers et elle n'est pas l'adversaire déclarée de la Religion officielle ; en conséquence on la laisse se développer et agir à son gré ; mais en Italie elle a une tendance bien différente, grâce au caractère des chefs qui la guident et par suite des manifestations qu'elle a eu la liberté de faire.

Un autre devoir incombe à l'État : après celui d'empêcher la formation des sectes dangereuses à la Constitution, c'est la surveillance des représentations théâtrales, de la presse et des dessins exposés au public.

En Italie, on laisse trop de liberté aux comédiens qui se permettent toute sorte de récitations et de spectacles, en jetant le ridicule sur les choses les plus sérieuses et en enseignant l'immoralité sous toutes les formes. La meilleure preuve que l'Italie laisse en cette matière une liberté excessive, c'est que plusieurs fois il est arrivé que les comédiens italiens ont été empêchés par les autres gouvernements — lorsqu'ils se trouvaient à l'étranger — de donner telle ou telle représentation qui était permise en Italie.

La presse aussi est trop libre dans notre

pays, et certains écrivains, soi-disant de l'école vériste, ont atteint un degré de licence qui n'eût jamais été possible autrefois, sans tomber sous le coup de la loi. Voilà pourquoi certains livres italiens ne peuvent pas être traduits en quelques pays étrangers et ne peuvent pas même être mis en circulation sans autorisation préalable, avec certaines restrictions.

Outre les gravures qui représentent des nudités ou d'autres figures sensuelles capables d'exciter la curiosité de la jeunesse en la démoralisant, nous avons encore des cartes postales illustrées qui sont de vrais attentats à la pudeur; et cependant elles circulent impunément de ville en ville, de pays en pays, sans que l'autorité se donne la peine de les saisir. Il y en a d'insultantes pour les femmes, qui représentent les animaux les plus méprisés, avec des dédicaces relatives aux destinataires, de sorte que les bureaux de poste deviennent en quelque manière les complices des insulteurs. Tout cela devrait être puni par des peines sévères, tant pour l'auteur des dessins incriminés que pour les vendeurs qui les mettent en circulation. Mais la loi ne s'en occupe pas, et l'inconvénient persiste sous la forme de plaisanterie ou de chose à la mode. On est obligé, il est vrai, d'envoyer les œuvres et les journaux qu'on imprime à un procureur du Roi, mais cela n'est pas une garantie suffisante au point de vue de la morale ; car, lorsqu'on traite de religion ou de matières de foi, le magistrat ordinaire ne saurait être compétent.

Jadis, il y avait un office de réunion, et l'on ne pouvait pas imprimer sans la permission de l'autorité supérieure, qui était composée de théologiens et de docteurs en droit canonique, lesquels apposaient sur l'œuvre le mot *imprimatur*, ce qui suffisait pour en autoriser la publication. Les lecteurs étaient dès lors assurés que les œuvres avaient été révisées par des personnes compétentes.

A présent, la révision faite par le magistrat n'est qu'une formalité superficielle qui ne répond nullement au but. Il faudrait donc réformer la loi sur la presse, afin de mieux protéger les droits de l'Église, dont les principes se trouvent ainsi chaque jour plus exposés aux attaques des libres penseurs et des matérialistes les plus avancés. Je ne veux pas que cette intervention de l'État comme juge en matière philosophique fasse de lui un métaphysicien ou un psychologue, mais je soutiens que c'est un devoir pour le gouvernement d'empêcher la publication de théories contraires à la croyance universelle, puisque l'article 1ᵉʳ de la Constitution a proclamé le catholicisme religion de l'État. Je conclus donc de tout cela en quelques mots : liberté d'opinion et de conscience, mais en limitant les moyens de propagande, pour ne pas corrompre les mœurs et entraîner les masses vers l'incrédulité et le scepticisme. Les ennemis jurés du catholicisme, c'est-à-dire les Juifs et les protestants, profitent surtout de la liberté de la presse. J'ai lu, par exemple, dans un des derniers numéros de la *Nuova Antologia*, un article du professeur Lombroso, qui était une hérésie continuelle et absurde contre les vérités de l'Église Catholique. Et cet article devrait intéresser la France, car on y traite la question des écoles tenues par les Jésuites et les Assomptionnistes. On disait, dans cette Revue, que la France est menacée du « danger noir » par suite de l'influence du clergé. On soutenait que les meilleures écoles sont dans les mains des prêtres, que les casernes et les officiers même sont sous cette influence désastreuse pour le développement de la nation, et que les sciences dans ce pays subissent une régression, au lieu d'avancer comme dans les nations du Nord. L'auteur jette ensuite un regard sur l'Amérique du Nord et il prétend démontrer que les pays, où le catholicisme règne en souverain, sont moins avancés que les autres, et il prend pour exemple certaines villes du Canada qu'il dit être en pleine décadence, soit dans le commerce, soit dans l'industrie ! Mais alors comment expliquer ce phénomène : que les États-Unis, qui s'acheminent vers la religion catholique, sont le pays le plus développé du monde, tant dans les sciences positives que dans leurs applications pratiques ? Voilà dans quelles erreurs on tombe, quand on est prévenu contre une institution.

Il me semble que ces choses ne devraient pas être publiées dans une Revue sérieuse, et, si le professeur de Turin voulait manifester ses idées antichrétiennes, il aurait dû le faire en un pays athée et non point à Turin, où le sentiment de la foi est très développé. Ajoutez à cela le scandale qu'il a provoqué parmi ses élèves, qui naturellement absorbent les idées du maître, d'autant plus qu'il jouit d'une grande renommée parmi les autres professeurs.

Le catholicisme en France est traditionnel depuis Clovis, saint Remy et les autres grands saints du temps passé. Il est donc très naturel que dans ce pays le respect pour l'Église Romaine soit très grand et qu'aucune force ne le puisse déraciner.

On a fait, dans ce pays, une enquête sur les sentiments religieux des jeunes étudiants, et l'on a constaté que presque tous gardaient

la confession de leurs ancètres ; quelques-
uns d'entre eux manifestaient seulement le
désir que cette confession se conformât un
peu plus aux temps modernes, car ils jugent
que beaucoup de choses ne répondent plus
au sentiment des nouvelles générations, non
par l'esprit, mais par la forme. Je partage
cette opinion, ainsi que je l'ai dit plus haut.
Sans ébranler les principes fondamentaux, on
pourrait bien, dans les choses secondaires,
suivre le goût et l'inclination de la société
actuelle.

VIII

Cependant une sorte d'évolution se montre dans l'organisme de l'Église Romaine, par suite de l'habitude que prennent, au sortir des séminaires et des lieux sacrés, des jeunes prêtres qui se mêlent à la foule et qui discutent avec elle les questions les plus vitales, combattant sans trêve et avec courage tous les adversaires, en quelque lieu qu'ils les rencontrent et à quelque condition qu'ils appartiennent.

Quand le prêtre devient militant, aucune force ne l'arrête, car c'est la charité qui le pousse (*Charitas Christi urget eos*). Et dans mon pays, ces orateurs catholiques ont eu quelque succès ; et ils en obtiendraient de beaucoup plus grands, si l'opinion publique les encourageait, au lieu de les regarder avec un air de défiance et d'incrédulité.

Comme nous l'ayons observé plus haut, la

bourgeoisie italienne est indifférente à tout mouvement catholique, puisqu'elle est matérialiste, non par conviction, mais par ignorance.

Nous avons déjà dit que l'État aurait le devoir de concourir de toutes ses forces à soutenir les bonnes idées, de quelque part qu'elles viennent. Vous savez que l'Église a' imaginé tout récemment la théorie du socialisme chrétien ou de la démocratie chrétienne. Avec cette théorie, l'Église tâche de gagner toujours plus le parti populaire, en lui faisant envisager les avantages d'une forte organisation fondée sur l'éternel principe du juste et du bon. Comme tous les maux du prolétariat ont pour cause le défaut de concorde de la classe ouvrière et qu'au contraire la toute puissance de la bourgeoisie résulte de la bonne entente des riches entre eux pour dominer les classes inférieures, celles-ci devraient opposer une résistance rationnelle et persistante, qui n'est possible qu'au moyen d'un système bien entendu de coalition sociale.

Or l'État, au lieu de favoriser les tendances de l'Église Romaine vers ces heureuses transformations, les entrave par toutes sortes de répressions, dans la crainte que le peuple ne s'en serve contre les classes dirigeantes et contre l'ordre social actuel. Cette méfiance en face de tout mouvement économique prouve que les hommes qui président aux destinées de notre nation n'ont pas une connaissance exacte des lois économiques et ne sont pas au courant de l'évolution continuelle, qui se manifeste dans d'autres pays plus accessibles au développement des forces productives de la population.

Au lieu de combattre cette théorie de la démocratie chrétienne, qui n'est autre chose que l'application modernisée de l'Évangile aux besoins actuels du pays, le gouvernement devrait encourager les bonnes intentions de ceux qui se mettent à la tête de ce mouvement, en le réglant, pour qu'il ne sorte pas des limites raisonnables et ne devienne un péril pour l'ordre public.

Voilà ce que devrait faire l'État en vue de

ce courant, qui est la plus moderne conséquence des doctrines sociales de l'Église
Romaine, à laquelle le Pape lui-même a
donné son appui et prêté sa coopération par
des écrits qui ont fait tant de bruit dans les
foules, les nations catholiques et protestan-
tes même. Les aristocrates ont vu, dans les
dernières encycliques sur la question ouvrière et sur la démocratie chrétienne, un attentat à leurs droits séculaires sur le domaine
du peuple et ne peuvent pardonner au Souverain Pontife (malgré le respect qu'ils lui
témoignent en même temps) ce transport
d'amour paternel· pour ses sujets, ni cette
tendresse exquise pour les souffrants de l'hu-
manité, laquelle pourrait d'un jour à l'autre
relever la tête et revendiquer des droits qui
ont été méconnus jusqu'ici. Les démocrates
bourgeois s'unissent aux premiers, pour pro-
tester contre la nouvelle lutte engagée par
les catholiques, de peur que ces derniers
bénéficient de la victoire, entraînant la ruine
de l'hégémonie bourgeoise, qui a été toujours
la plus nombreuse et la plus puissante par

les forces jeunes et vieilles dont elle se compose. Il est certain, qu'une fois que les principes du socialisme chrétien se seront infiltrés dans les masses, le socialisme athée en subira les conséquences et finira par succomber, faute de base morale et d'espoir dans une vie éternelle.

A toutes les époques, on a vu que les théories promulguées par une loi émanant des principes philosophiques surnaturels l'emportent sur celles qui reposent uniquement sur les intérêts matériels et sur l'utilité du moment. L'homme a besoin d'une sanction divine, pour satisfaire les aspirations de son âme, car, s'il est vrai (comme je le crois) que l'homme est un composé de matière et d'esprit, celui-ci veut sa part dans toutes choses constituées. Et l'organisation sociale n'est autre que l'ensemble des forces individuelles unies dans un but d'amélioration et de progrès. Mais, comme le vrai progrès ne peut se développer qu'au fur et à mesure que la morale se perfectionne et mûrit dans les consciences des populations, il s'ensuit

que l'évolution économique et scientifique
s'accorde avec celle de l'éthique et de la
justice. Mais savez-vous que, lorsque la démocratie aura pris une voie religieuse et
confessionnelle, aucune force au monde ne
pourra l'arrêter sur la route de la domination universelle? Et c'est justement là que
l'Église tend à conduire le peuple, au moyen
de cette école pratique qui a pour principe
l'égalité chrétienne devant la loi humaine et
divine.

L'État s'oppose aux manifestations de la
démocratie chrétienne, car il y voit un danger pour ses intérêts et une menace pour
l'influence qu'il a toujours exercée dans les
choses temporelles.

Jadis l'Église ne s'occupait presque pas
des intérêts matériels du peuple ; elle per-
mettait que ces intérêts fussent traités par
les individus eux-mêmes, selon qu'ils le dési-
raient, ou qu'ils en confiassent le soin à
d'autres.

Mais aujourd'hui tout est changé. L'Église
s'est aperçue enfin que chaque société tra-

vaille dans son intérêt et dans le but de faire des prosélytes ; ainsi fait-elle, pour maintenir cette domination qu'elle a toujours exercée sur le monde. Elle s'interpose donc entre les capitalistes et les ouvriers ; elle s'occupe des heures de travail, des conditions hygiéniques des personnes et des maisons, du travail des femmes et des enfants, des accidents qui peuvent survenir pendant le travail aux ouvriers, des infirmités de la vieillesse des travailleurs, etc... En un mot l'Église suit pas à pas l'évolution de la prévoyance et accepte les mesures adoptées par l'État en fait de législation sociale dans toutes les choses qui s'accordent avec ses idées, et elle ne les repousse que si elles sont opposées ou inconciliables.

Il est superflu de dire que l'Église a des points de contact avec les exigences communes à chaque législation sociale et des points où en réalité elle vit d'une vie propre. Par exemple, le repos dominical est tout à fait particulier aux institutions de l'Église et je crois qu'aucune religion ne peut s'en passer.

Je ne dis pas qu'avec le repos du dimanche on puisse corriger tous les vices du peuple, mais ce serait là certainement un moyen de favoriser l'accomplissement des devoirs envers la famille et envers Dieu surtout, qui est le souverain Régisseur de tout ordre social. Il se produit actuellement dans les villes principales de l'Italie une agitation qui tend à obtenir le respect des fêtes ecclésiastiques ; mais il est trop vrai que jusqu'ici on n'a rien obtenu, par suite de l'opposition des commerçants, qui redoutent le préjudice qui résulterait pour eux de la fermeture des magasins, les jours de fête. Ajoutez à cela l'action contraire de la Maçonnerie, qui a tout intérêt à détruire ce qui touche à la religion, et vous vous convaincrez que l'agitation relative à cette réforme en Italie ne doit pas aboutir.

Cependant cette réforme serait très utile à la démocratie ; elle figure dans le programme des socialistes chrétiens, à côté de tous les autres moyens d'améliorer la condition des ouvriers.

« Il faut descendre au milieu du peuple, a

proclamé Léon XIII dans sa lettre apostolique sur les classes ouvrières. Et rien n'empêchera que les catholiques ne s'occupent directement de la cause du peuple, non seulement pour en contenir les passions, mais encore pour soutenir ses droits, ses aspirations, ses idées, dans la conviction de sauver en même temps les classes dirigeantes elles-mêmes. »

Cette politique est ce qu'il y a de plus humanitaire et de plus conforme à l'Évangile, car Jésus-Christ lui-même en a donné l'exemple, en se mêlant à la foule et en s'occupant des pauvres préférablement aux riches ; car ces derniers ont leur satisfaction sur la terre, tandis que les autres ont pour héritage la souffrance et la lutte pour la vie. Le devoir des riches est d'empêcher que cette lutte soit le moins possible âpre et dangereuse et que les déshérités de la fortune voient dans les puissants de la terre leurs bienfaiteurs et leurs alliés. Quand, dans la conscience des riches et des propriétaires de terres, ce principe évangélique aura pénétré, la question sociale sera en grande partie résolue ou du moins très adoucie.

La question sociale n'a jamais été plus aiguë qu'à présent pour plusieurs raisons de nature complexe et dont les économistes se sont occupés avec passion, mais, hélas! sans grand résultat. La raison de cet insuccès est tout entière dans le manque de coopération de l'élément moral, qui est le plus important dans cette question et sans lequel les théories des économistes n'aboutissent à rien. Dans les rapports entre les capitalistes et les ouvriers, il faut que le cœur ait une partie importante et que la raison serve à calculer les moyens dont la société peut disposer pour venir en aide au prolétariat, sans détruire les ressources du capitalisme. Celui-ci doit servir aux exigences de l'industrie et aux besoins de l'agriculture, et il est évident que sans lui toute production est impossible.

On sait que le Christianisme a aboli l'esclavage et par conséquent a entraîné la persécution des classes dominatrices de ces temps-là. Les empereurs étaient contraires

aux nouvelles doctrines, parce qu'ils redou-
taient une émeute générale du peuple. Les
patriciens, qui détenaient la plus grande
partie du sol, s'unissaient au prince, afin de
déraciner ce germe de révolution qui avait
son origine dans la parole du prophète gali-
léen. On connaît des cas vraiment atroces
de persécution, tels que le martyre ordonné
par des pères sur leurs fils et leurs filles,
sous prétexte de religion, mais en réalité
dans un but politique, car les anciens Romains, qui étaient un peuple fort et énergique,
ne voulaient pas que les théories du Christianisme dominassent les sujets de l'Empire.

Ne parlons pas des ministres des cultes
de ces temps-là, qui avaient tout intérêt à
maintenir les fausses doctrines du paga-
nisme, sur lequel reposaient leurs principes,
leurs préjugés et leur fortune. Quel sort
attendrait les prêtres, si l'idole était détruite?
Et la hiérarchie sacerdotale, qui avait pour
chef l'Empereur même en sa qualité de
« Pontifex maximus », maintenait l'agitation
contre les chrétiens, en les faisant passer

pour les ennemis du genre humain et de toute société civile. On comprendra aisément quel temps fut nécessaire au Christianisme pour vaincre l'opposition, le mépris, la haine, dont il était entouré jusqu'aux derniers temps de Constantin et qui se réveillèrent sous le gouvernement de Julien l'Apostat. Mais la vérité devait triompher malgré toutes ces difficultés, et l'Évangile a vaincu ses ennemis, comme Jésus-Christ l'avait prédit : « Et portæ inferi non prævalebunt. »

Nous disions donc que l'Église, ayant proclamé l'égalité des hommes en face de Dieu, avait porté un coup terrible à l'édifice social et plus directement à l'ordre économique sur lequel se fondait la propriété individuelle, puisque, à cette époque, l'esclave était une chose qui appartenait sans aucune réserve à son maître. On a donc raison, quand on dit que le principal auteur du socialisme a été en certaine manière l'Évangile, car l'abolition de l'esclavage marque un grand pas vers la réforme désirée par les nouveaux propagandistes de l'égalité absolue.

Nous ne sommes pas avec les socialistes avancés qui prêchent la socialisation des terres, ce qui, à mon avis, est une utopie irréalisable. Par contre, les socialistes chrétiens ne parlent pas de cette participation des travailleurs à la propriété des terres, mais seulement ils veulent que chacun ait un salaire suffisant pour vivre et que les heures de travail soient réglées, afin que chacun ait le temps nécessaire pour se dédier à sa famille et pour s'instruire davantage. Les socialistes chrétiens veulent que les maîtres des usines et des fermes soient humains et raisonnables et qu'ils professent eux-mêmes la religion, pour donner le bon exemple. Comme on le voit, c'est tout un système qui tend à concilier les intérêts des capitalistes avec ceux des travailleurs; et par conséquent l'amélioration du sort des ouvriers doit résulter des sentiments meilleurs à l'égard des classes dirigeantes ; et il est aussi naturel que les maîtres ne traitent plus leurs inférieurs comme des esclaves ou des brutes.

Le plus grand succès moderne de l'intervention du clergé dans les questions ouvrières a été obtenu par le cardinal Manning, à Londres, quand il réussit à mettre un terme à une grève formidable qui durait depuis longtemps et qui avait causé des dommages immenses aux ouvriers et aux patrons. Cet exemple a été imité par d'autres évêques des États-Unis et des autres pays, ce qui prouve que le clergé catholique a bien entendu les paroles du Saint-Père, qui conseillait aux prêtres ainsi qu'à tous les fidèles de descendre parmi la foule : « Allez au peuple. » Nous voyons aujourd'hui que la coopération se change en vraie société de résistance et de lutte, grâce aux syndicats de travail et aux « Fasci » (1) de Sicile. C'est là que l'action des démocrates chrétiens doit s'exercer, pour empêcher que ces luttes, ces résistances deviennent un danger pour la société et une menace continuelle à la propriété, à la liberté, à la religion ; car c'est celle-ci qu'on vise à supprimer par la propagande conti-

(1) Faisceaux.

nuelle de ces sociétés que la loi ne frappe pas, sous prétexte de respecter la liberté d'association.

Il y a eu récemment à Bologne un congrès des fédérations ouvrières, où l'on a discuté les intérêts des travailleurs de la terre et des autres industries. Au début, la discussion avait eu lieu sur le terrain purement économique, mais ensuite, grâce à l'initiative du député Ferri, elle a glissé bien vite sur le terrain politique, et on a proclamé la nécessité de la socialisation des terres.

Cette question a été dès lors la préoccupation dominante de cette réunion. Il en est résulté que les républicains se sont alors divisés en socialistes purs et démocrates sociaux. Cette scission est également dangereuse pour les intérêts mêmes du parti radical et pour ceux des classes ouvrières. Mais un autre fait s'est produit dans ce congrès, qui démontre à quel point domine en toutes choses l'esprit sectaire. Les femmes présentes ont déclaré qu'elles ne craignaient pas les prêtres et qu'elles n'avaient pas de préjugés religieux ! Et tout le monde a acclamé ces nouvelles propagandistes. Ces femmes ont déclaré que plusieurs de leurs amies et compagnes, bien que socialistes, restaient croyantes et par conséquent demeuraient sous la domination de l'Église. Elles se plaignaient de cette circonstance qui, à leur avis, retardait la réalisation des réformes qu'elles préconisaient. Mais qu'adviendrait-il de ces femmes dans la vie sociale, dans leurs familles ? Quelle éducation pourront-elles donner à leurs fils, du moment qu'elles-mêmes n'en ont aucune ? N'est-il pas odieux de voir une jeune mère manifester de la sorte ses sentiments antichrétiens ? Hélas ! combien de maux ont produits déjà cette liberté excessive et cette tolérance du gouvernement qui permet d'insulter à ce qui touche aux sentiments les plus élevés de l'esprit humain ?

Il faudrait plutôt songer aux justes revendications qui sont admises par la loi canonique même et qui sont formulées par les doctrines modernes de la politique constitutionnelle catholique.

Ces règles se peuvent résumer en trois catégories principales, savoir :

1° Le respect pour les autonomies locales, que l'État doit achever et garantir, non point diminuer ou supprimer ;

2° La participation, à différents degrés, aux pouvoirs de l'État, de toutes les classes sociales, pour représenter et faire valoir proportionnellement le bien de tout le monde ;

3° La formation, au-dessus de ces institutions locales et sociales, d'unités politiques non plus mécaniques, mais éminemment organiques, pour consolider les intérêts généraux de la nation. Cette triple forme d'ordre politique réfléchit dans son ensemble les tendances les plus modernes de l'opinion publique et les plus importantes conclusions de la science sociale. Cependant tout juge impartial de la pensée moderne devra les reconnaître comme correspondant le mieux au programme traditionnel de la politique constitutionnelle de l'Église Romaine.

La grandeur civile des municipes italiens du moyen âge est due principalement à l'autonomie dont ils jouissaient et à la foi dans les destinées du pays, foi qui ne faillissait jamais, même devant les menaces de l'étranger qui envahit plusieurs fois notre chère patrie.

Il serait alors possible que toutes les classes de la société constituée organiquement prissent part au gouvernement de la chose publique. L'Église condamne la théorie socialiste et libérale de la souveraineté populaire. Elle ne permet aux masses que de désigner ses représentants, et, pour atteindre ce but, elle autorise la formation de collèges électoraux.

La démagogie dépourvue de système rationnel est destinée à supplanter la liberté même à laquelle elle aspirait ; et nous avons vu les oligarchies, qui en ont été le produit, et plus récemment la nécessité d'établir un gouvernement militaire, qui seul pouvait maintenir l'ordre menacé par les exigences de la foule.

Nous sommes contraires à tout système de démagogie, car ce serait retomber à l'état

barbare que de laisser aux populations igno-
rantes la direction de l'État. Il n'est que trop
vrai qu'en Italie on a laissé à chaque individu
le droit de vote ; mais c'est une faute grave
commise par un gouvernement trop libéral ;
et nous en subissons les conséquences, en
voyant exclure les meilleurs de toutes sortes
d'administrations et de pouvoirs politiques.
Quelques personnes croient pouvoir remédier à cette erreur commise en donnant à certains individus plus d'un vote, c'est-à-dire en
instituant le vote plural ; ce serait là une bonne
mesure politique, mais aucun ministre en
Italie n'aurait le courage d'introduire cette
modification à la loi électorale. Ce serait d'ailleurs fermer l'étable quand les bœufs sont
sortis ! Certainement, plutôt que de rien faire,
il vaut mieux songer à quelque remède au
mal qu'on a fait. Mais je crois néanmoins que
les masses se rébelleraient contre une réforme
de cette nature et emploieraient tous les
moyens pour en empêcher la réalisation. Ce
ne serait pas la première fois qu'en Italie
l'opinion publique aurait imposé sa volonté à

l'autorité légitime. Nous avons vu un Batacchi arrêté à Florence, sous l'inculpation d'attentat par la dynamite insuffisamment prouvé, mais néanmoins condamné par la Cour, et ensuite grâcié par le Roi à l'occasion d'une fête de famille. L'opinion publique, ayant manifesté en faveur de l'innocence du condamné, s'était donc imposée à la volonté des ministres contre toute logique et toute sagesse.

Et cette puissance de l'opinion est malheureusement le monopole des classes populaires, qui en abusent en toute occasion, pour molester les classes supérieures et les anihiler. Aux élections politiques, on a vu réussir tous les noms de la liste populaire ; et les élections administratives pour les conseils communaux ont eu le même résultat.

Le vote plural serait accordé à certaines catégories d'électeurs qui réunissent plusieurs qualités pour exercer ce droit, telles que le cens, la capacité, l'exercice d'une profession ou d'une charge importante, etc. On pourrait ainsi contrebalancer un peu (sinon entièrement) la puissance formidable des partis populaires. Ce système est en vigueur en Belgique depuis quelque temps, et il fonctionne avec succès. Il serait désirable que l'Italie pût l'adopter, mais, pour les raisons que nous avons dites, il est inutile de l'espérer.

Il ne faut pas le taire : c'est la marée des influences démocratiques qui ont vaincu le principe conservateur. Et cette marée, qui envahit toutes choses et toutes personnes, a ses sources dans l'enseignement que reçoit la jeunesse dans nos écoles et nos cercles, où dominent les idées égalitaires.

La démocratie chrétienne n'est pas tout à fait égalitaire, puisqu'elle reconnaît les supérieurs et les inférieurs, car le monde est composé de différentes catégories de personnes. La démocratie chrétienne reconnaît que devant la loi divine tout le monde est égal, mais, au point de vue social, les hommes qui ont eu une naissance élevée ont droit à certaines distinctions. Voilà la grande différence à établir entre la démocratie sociale et la démocratie chrétienne, dont nous avons parlé.

Aussi les tribuns populaires protestent-ils contre cette nouvelle déclaration de droits formulée par l'Église. Celle-ci, malgré son respect pour le principe des inégalités sociales, n'en a pas moins pour but la rédemption et l'ennoblissement des classes inférieures. Les utopistes égalitaires repoussent ces théories, uniquement parce qu'elles tracent une ligne de démarcation entre les classes. Je crois que notre pays ne sera jamais gouverné avec sagesse, quand les ministres conseilleront au Roi une politique opposée à celle du Vatican.

Le dernier discours de la Commune, qui contenait des allusions au divorce, a été très inopportun. On n'était jamais arrivé à un tel excès de libéralisme, même au temps de M. Cairoli, qui passe pour très avancé. Ce discours a eu pour conséquence la chute du ministère et le mécontentement des catholiques et des conservateurs.

Il faut donc observer une politique plus sage dans des questions si délicates et qui touchent au sentiment le plus élevé des consciences individuelles. Je crois que l'Italie est en voie de grands progrès ; mais ceux-ci ne seront jamais assez complets ni assez glorieux sans cette force spirituelle qui résulterait de l'accord loyal et sincère des deux pouvoirs, ecclésiastique et civil.

FIN

www.ingramcontent.com/pod-product-compliance
Ingram Content Group UK Ltd.
Pitfield, Milton Keynes, MK11 3LW, UK
UKHW022058070726
13613UKWH00002B/853